ドラえもん はじめての論《ろん》語《ご》

君《くん》子《し》編《へん》

藤子《ふじこ》・F《エフ》・不二雄《ふじお》［まんが原作《げんさく》］
安岡定子《やすおかさだこ》［著《ちょ》］

小学館《しょうがくかん》

はじめに（ご家族《かぞく》の皆《みな》さまへ）

『論語《ろんご》』という一見難《いっけんむずか》しそうな古典《こてん》も、ドラえもんが案内役《あんないやく》として登場《とうじょう》したことで、お子《こ》さんたちにぐっと身近《みぢか》に感《かん》じてもらえるようになりました。私《わたし》が講師《こうし》をつとめる、こども論語塾《ろんごじゅく》でも、『ドラえもん　はじめての論語《ろんご》』を手《て》にしているお子《こ》さんをたくさん見《み》かけます。夢中《むちゅう》になってページをめくっている姿《すがた》はとてもほほえましく、うれしく思《おも》います。

二千五百年前《にせんごひゃくねんまえ》に生《う》まれた孔子《こうし》が、既《すで》に、人《ひと》にとって最《もっと》も大事《だいじ》なものは仁《じん》である、と言《い》い切《き》っています。仁《じん》とは思《おも》いやりや優《やさ》しい心《こころ》です。どんなに優秀《ゆうしゅう》でも、仁《じん》がなければ素敵《すてき》な人《ひと》にはなれない、と言《い》っています。誠実《せいじつ》で、人《ひと》から愛《あい》され、信頼《しんらい》される人《ひと》は、とても魅力的《みりょくてき》ですね。孔子《こうし》の目指《めざ》す君子《くんし》は、まさにそんな魅力的《みりょくてき》な人物《じんぶつ》です。

いまは意味《いみ》がわからなくても、数々《かずかず》の言葉《ことば》は必《かなら》ずお子《こ》さんたちの人生《じんせい》を豊《ゆた》かにしてくれるはずです。そう信《しん》じて今回《こんかい》の『ドラえもん　はじめての論語《ろんご》　君子編《くんしへん》』の言葉《ことば》も選《えら》びました。ぜひ声《こえ》に出《だ》して読《よ》みながら、楽《たの》しんでいただきたいと思《おも》います。

安岡定子《やすおかさだこ》

この本《ほん》の使《つか》い方《かた》

現代語訳《げんだいごやく》です

書《か》き下《くだ》し文《ぶん》といいます。❷の白文《はくぶん》を一定《いってい》のきまりで読《よ》んだものです。

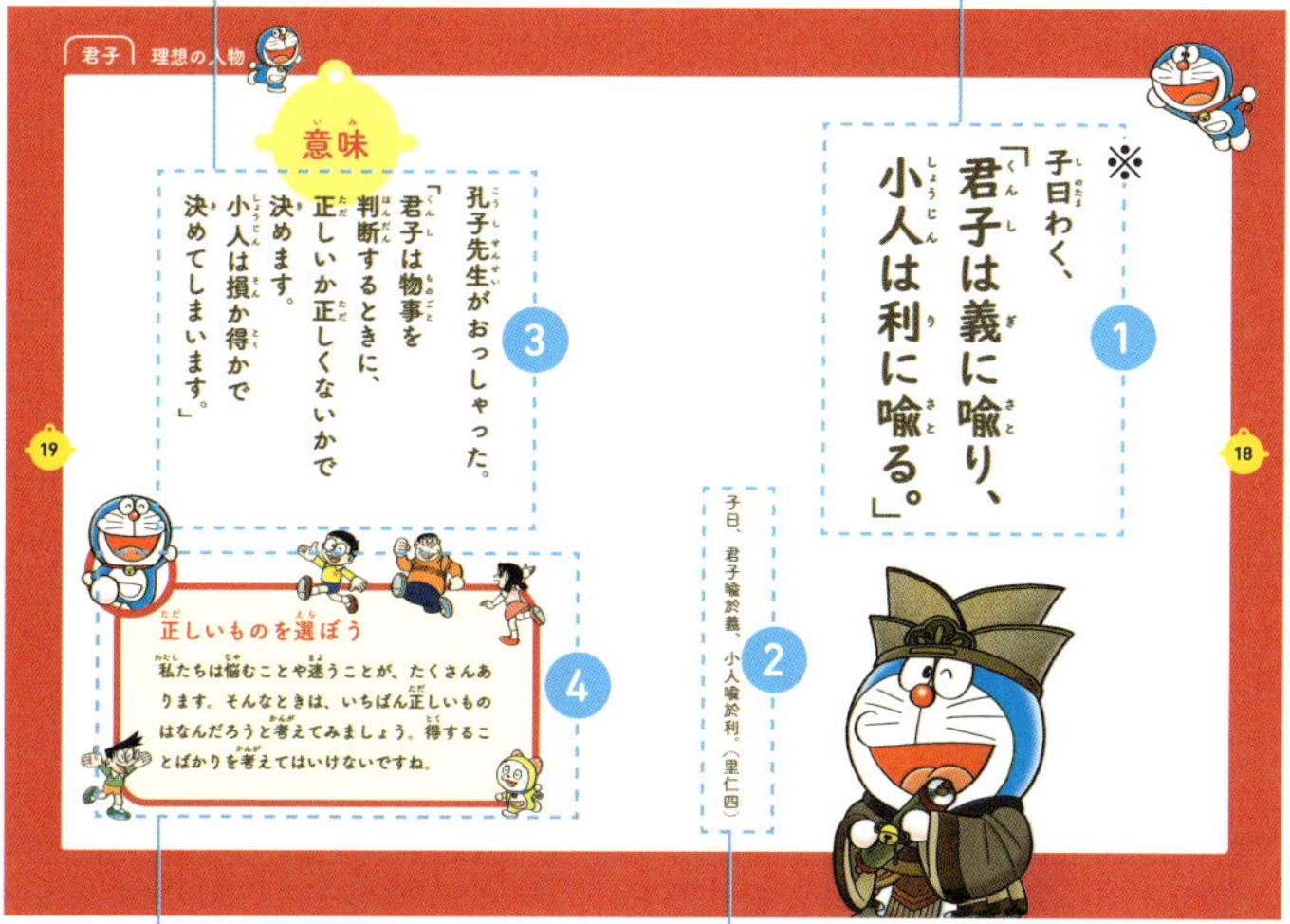

わかりやすいように❸をさらにやさしく説明《せつめい》しています。

「白文《はくぶん》」または「原文《げんぶん》」といいます。『論語《ろんご》』は中国《ちゅうごく》から伝《つた》わったので、すべて漢字《かんじ》で書《か》かれていました。カッコの中《なか》は、編名《へんめい》＊です。

※「子《し》」とは本来《ほんらい》、先生《せんせい》の意味《いみ》で、「孔子《こうし》」は孔先生《こうせんせい》という意味《いみ》になります。

※「子曰《しのたま》わく」の曰《のたま》わくという読《よ》み方《かた》は「おっしゃいました」という敬語《けいご》です。この本《ほん》では孔子《こうし》が話《はな》したときは、尊敬《そんけい》の気持《きも》ちを表《あらわ》して「のたまわく」、弟子《でし》が話《はな》したときは「いわく」としています。

＊『論語《ろんご》』は、約《やく》500の短文《たんぶん》が20編《ぺん》で構成《こうせい》されています。各編名《かくへんめい》は白文《はくぶん》の第《だい》1章句《しょうく》目《め》の頭《あたま》の2文字《もじ》または3文字《もじ》（「子曰」は除《のぞ》く）からつけられたものです。編《へん》の中《なか》の何番目《なんばんめ》かを表《あらわ》す番号《ばんごう》はこの本《ほん》では省略《しょうりゃく》しています。

・参考文献《さんこうぶんけん》『大辞泉《だいじせん》』（小学館《しょうがくかん》）

もくじ

（あらすじ）ドラえもんと一緒《いっしょ》に『論語《ろんご》』が生《う》まれた2500年前《ねんまえ》の時代《じだい》にタイムスリップしたのび太《た》。孔子《こうし》の元《もと》で熱心《ねっしん》に学《まな》ぶ弟子《でし》たちの姿《すがた》を見習《みなら》い、自分《じぶん》も論語《ろんご》を勉強《べんきょう》しようと決心《けっしん》したのだけれど…。

スネ夫《お》さんがんばって！

打《う》てるもんなら打《う》ってみろ！

ビシュ
ガンッ
デッドボールだ！。

痛《いた》いなあ かんべんしてよ ジャイアン…。デッドボールなんて…。

バットに当《あ》たったよなあのび太《た》！

えっ!? まあ…ハハハ
なに言《い》ってんだ いまのはファールだろ！

いまのはデッドボール！のび太《た》 本当《ほんとう》のことを言《い》わないと明日《あした》の誕生会《たんじょうかい》呼《よ》んでやらないぞ！

ファールだ！わかってるよなのび太《た》？借《か》りてるまんが返《かえ》してほしくないのか？

のび太《た》さん はっきりして どっちなの？
デッド ボール！
ファール！
スネ夫《お》の誕生会《たんじょうかい》に 行《い》きたいし、
でもやっぱり まんがも 返《かえ》して ほしいし…。
いまのは デッド ボール だよ。
ほら タンコブが あるじゃ ないか。
そういえば 頭《あたま》に当《あ》たった ような…。
のび太《た》！ おまえが はっきり しないせいで！
ボカ スカ ボカ スカ
やめないか 二人《ふたり》とも！
先生《せんせい》！

のび太《た》くん君《きみ》は最初《さいしょ》からデッドボールだとわかっていたのに損得勘定《そんとくかんじょう》で判断《はんだん》しようとしたね。

そういう君《きみ》の態度《たいど》は〝君子《くんし》は義《ぎ》に喩《さと》り、小人《しょうじん》は利《り》に喩《さと》る〟だ！

君子《くんし》？小人《しょうじん》？

まったく…。論語《ろんご》を勉強《べんきょう》してたんじゃないのか？

君子《くんし》は物事《ものごと》を判断《はんだん》するときに正《ただ》しいか正《ただ》しくないかで決《き》め、小人《しょうじん》は損《そん》か得《とく》かで決《き》めてしまうという意味《いみ》だよ。

つまり君子《くんし》はどんなときも冷静《れいせい》に物事《ものごと》を判断《はんだん》できる立派《りっぱ》な人物《じんぶつ》で、反対《はんたい》に小人《しょうじん》は目先《めさき》の損得《そんとく》にとらわれ、まちがった判断《はんだん》をする慌《あわ》てん坊《ぼう》ってことだよ。

さすが出木杉《できすぎ》さん！

ウムしっかり論語《ろんご》を勉強《べんきょう》しているな。

ガーン
ズシッ
君子《くんし》
小人《しょうじん》

二人《ふたり》とも論語《ろんご》を勉強《べんきょう》しているなら立派《りっぱ》な君子《くんし》を目指《めざ》しなさい!
…ということなんだよ。ひどいと思《おも》わない?
そもそも小人《しょうじん》とか君子《くんし》ってなんなのさ。
最近《さいきん》論語《ろんご》の本《ほん》読《よ》んでないだろ。もうあきちゃったの?
論語
論語《ろんご》は勉強《べんきょう》してるさ。好《す》きな言葉《ことば》は〝故《ふる》きを温《たず》ねて新《あたら》しきを知《し》れば…〟
えーっとなんだっけ? 温故知新《おんこちしん》っていう言葉《ことば》にもなったんだけど。
〝以《も》って師《し》と為《な》るべし〟だよ 半分《はんぶん》も覚《おぼ》えてるなんてえらいじゃないか!
じゃあお気《き》に入《い》りの論語《ろんご》の言葉《ことば》どおり君子《くんし》とは何《なに》か※孔子《こうし》先生《せんせい》に教《おし》えてもらいに
論語《ろんご》が生《う》まれた2500年前《ねんまえ》にもう一度《いちど》行《い》ってみよう!

いた！孔子だ！

勉強にあきちゃったのかな？

先生の前なのに弟子たちは居眠りしてるよ！

のび太くんじゃあるまいし。

みなさんどうしたんですか？

ここ陳の国に、よその国呉が攻めて来て足止めされているんです。

※孔子…（紀元前552〜479）古代中国の思想家・教育家。儒学の祖。道徳と思いやりの政治を理想とし多くの弟子たちを育てた。
＊陳・呉は古代中国の国の名前。

※子路《しろ》…(紀元前《きげんぜん》542〜480)孔子一門《こうしいちもん》で最年長《さいねんちょう》の弟子《でし》。勉強《べんきょう》より腕力《わんりょく》で秀《ひい》でた。孔子《こうし》を敬愛《けいあい》しボディーガード役《やく》をつとめた。

もちろん君子《くんし》だって困《こま》ることはある。まさにいまがそんな時《とき》だろう。

しかしどんな時《とき》でも正《ただ》しい道《みち》を考《かんが》え、平常心《へいじょうしん》を失《うしな》わないのが君子《くんし》というものだよ。

逃《に》げ道《みち》も食《た》べ物《もの》もない！こんな絶体絶命《ぜったいぜつめい》な状況《じょうきょう》で冷静《れいせい》でいろなんて無理《むり》ですよ！

そうだそうだ！

それじゃあ君子《くんし》にはほど遠いな。小人《しょうじん》は困《こま》ると取《と》り乱《みだ》してやれ腹《はら》がへったと当《あ》たり散《ち》らす。

ギクッッ
私《わたし》はどうせ小人《しょうじん》ですよ。もう腹《はら》ペコでどうしようもない！ここにいるのは損《そん》です!!

そう慌《あわ》てなさんな。いま出《で》て行《い》っても戦乱《せんらん》の巻《ま》きぞえになってしまう。

それにそろそろ助《たす》けがくるだろうよ。

孔子《こうし》先生《せんせい》〜！

先生《せんせい》ご無事《ぶじ》でしたか。
この辺《あた》りの実力者《じつりょくしゃ》らしき家《いえ》の娘《むすめ》さんから食料《しょくりょう》をいただきました!
脱出《だっしゅつ》する道《みち》も確保《かくほ》できましたよ。
おお!それはなにより。
やっとここから出《で》られるぞ!!
フフフのび太《た》くんに似《に》てるけどあのお弟子《でし》さん将来《しょうらい》は立派《りっぱ》な君子《くんし》だね。
ム
なんだいぼくだって…。

どんなに大変《たいへん》なときでも常《つね》に落《お》ち着《つ》いて冷静《れいせい》な判断《はんだん》をした孔子《こうし》って本物《ほんもの》の君子《くんし》だよね。
よ～しぼくも孔子先生《こうしせんせい》のような君子《くんし》を目指《めざ》すぞ!!
そしたらしずちゃんだって…。
のび太《た》さんってステキ…。
スキ♡
ムフフ…。
大丈夫《だいじょうぶ》かな。

ドラミ!?
あら帰《かえ》ってたの?
二人《ふたり》ともいなかったからこのドラやき私《わたし》が食《た》べようとしてたところなんだけど。
こら～っ!なんてことしようとしてるんだ!!
〝君子《くんし》は矜《きょう》にして争《あらそ》わず。群《ぐん》して党《とう》せず〟よ!お兄《にい》ちゃんもまだまだ小人《しょうじん》ね。
(意味《いみ》は26ページを見《み》てね)

17

君子《くんし》

理想《りそう》の人物《じんぶつ》

子《し》曰《のたま》わく、「君子《くんし》は義《ぎ》に喩《さと》り、小人《しょうじん》は利《り》に喩《さと》る。」

子曰、君子喩於義、小人喩於利。（里仁四）

意味《いみ》

孔子先生《こうしせんせい》がおっしゃった。
「君子《くんし》は物事《ものごと》を
判断《はんだん》するときに、
正《ただ》しいか正《ただ》しくないかで
決《き》めます。
小人《しょうじん》は損《そん》か得《とく》かで
決《き》めてしまいます。」

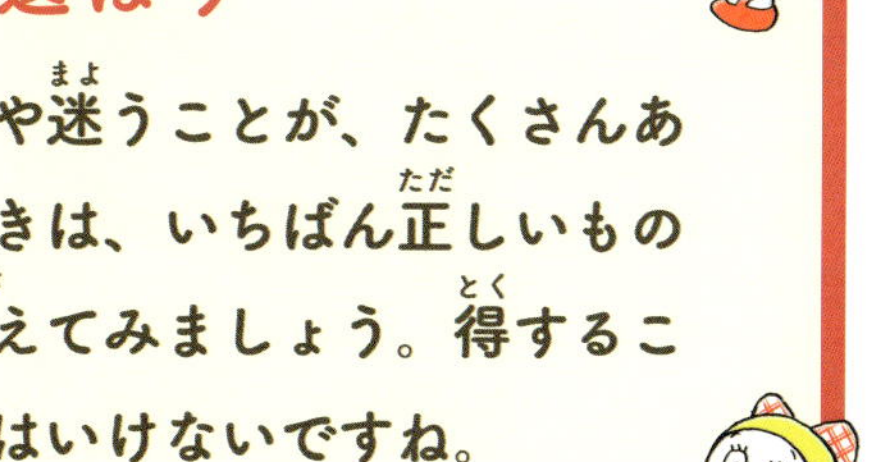

正《ただ》しいものを選《えら》ぼう

私《わたし》たちは悩《なや》むことや迷《まよ》うことが、たくさんあります。そんなときは、いちばん正《ただ》しいものはなんだろうと考《かんが》えてみましょう。得《とく》することばかりを考《かんが》えてはいけないですね。

子曰《しのたま》わく、
「衆之《しゅうこれ》を悪《にく》むも
必《かなら》ず察《さっ》し、
衆之《しゅうこれ》を好《この》むも
必《かなら》ず察《さっ》す。」

子曰、衆悪之必察焉、衆好之必察焉。（衛霊公十五）

意味《いみ》

孔子先生《こうしせんせい》がおっしゃった。
「多《おお》くの人《ひと》が
皆《みな》よくないと言《い》っても、
すぐに信用《しんよう》せずに
自分《じぶん》でよく観察《かんさつ》してみる。
反対《はんたい》に、多《おお》くの人《ひと》がよいと
言《い》っても、やはり自分《じぶん》で
確《たし》かめてみなければいけない。」

自分《じぶん》で判断《はんだん》しよう

よいことも悪《わる》いことも、人《ひと》の意見《いけん》に惑《まど》わされずに、自分《じぶん》で考《かんが》えて判断《はんだん》しましょう。

22

子《し》曰《のたま》わく、
「君《くん》子《し》は
言《げん》を以《も》って
人《ひと》を挙《あ》げず、
人《ひと》を以《も》って
言《げん》を廃《はい》せず。」

子曰、君子不以言挙人、不以人廃言。（衛霊公十五）

意味《いみ》

孔子先生《こうしせんせい》がおっしゃった。
「君子《くんし》は公平《こうへい》に
人《ひと》を見《み》る目《め》を持《も》っているので
よい言葉《ことば》を言《い》うからといって
すぐにその人《ひと》を信用《しんよう》したり、
登用《とうよう》したりしない。
反対《はんたい》に日ごろ評判《ひょうばん》の
悪《わる》い人《ひと》だからといって
その人《ひと》のよい言葉《ことば》まで
否定《ひてい》したりはしないものだ。」

判断力《はんだんりょく》を身《み》につけよう

人《ひと》を見《み》るときも、話《はなし》を聞《き》くときも、かたよりのない心《こころ》で判断《はんだん》できるのが君子《くんし》です。どんなときにも自分《じぶん》で正《ただ》しい判断《はんだん》ができるようになりたいですね。

子《し》、四《し》を絶《た》つ。
意《い》毋《な》く、必《ひつ》毋《な》く、固《こ》毋《な》く、我《が》毋《な》し。

子、絶四。毋意、毋必、毋固、毋我。（子罕九）

意味《いみ》

孔子先生《こうしせんせい》は、
次《つぎ》の四《よっ》つのことをしなかった。

自分勝手《じぶんかって》に
思《おも》いをめぐらせること、
無理《むり》やり押《お》し通《とお》すこと、
がんこにこだわること、
自分中心《じぶんちゅうしん》に考《かんが》えること。
この四《よっ》つを捨《す》てたので、
穏《おだ》やかな心《こころ》でいられました。

わがままな気持《きも》ちを捨《す》てよう

いつも自分《じぶん》のことばかり考《かんが》えていませんか。相手《あいて》の気持《きも》ちを想像《そうぞう》してみましょう。そうすればわがままな行《おこな》いはできなくなるはずです。

子曰《しのたま》わく、
「君子《くんし》は
矜《きょう》にして争《あらそ》わず。
群《ぐん》して党《とう》せず。」

子曰、君子矜而不争。群而不党。（衛霊公十五）

意味《いみ》

孔子先生《こうしせんせい》がおっしゃった。
「君子《くんし》は自分《じぶん》に対《たい》して厳《きび》しく
人《ひと》と争《あらそ》ったりはしません。
多《おお》くの人《ひと》と仲《なか》よくできますが
特定《とくてい》の仲間《なかま》をつくったりは
しないものです。」

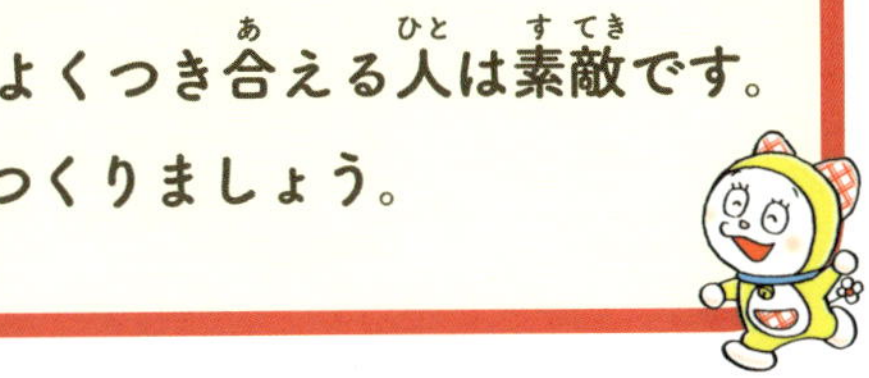

自分《じぶん》の行《おこな》いを見《み》つめ直《なお》そう

たくさんの人《ひと》と仲《なか》よくつき合《あ》える人《ひと》は素敵《すてき》です。
友《とも》だちをたくさんつくりましょう。

子曰《しのたま》わく、
「君子《くんし》の天下《てんか》に
於《お》けるや、
適《てき》も無《な》く、
莫《ばく》も無《な》し。
義《ぎ》と之《これ》与《とも》に比《したが》う。」

子曰、君子之於天下也、無適也、無莫也。義之与比。（里仁四）

意味《いみ》

孔子先生《こうしせんせい》がおっしゃった。
「君子《くんし》が大切《たいせつ》なことを
行《おこな》うときには、
これは絶対《ぜったい》する、
これは絶対《ぜったい》しない、
というようながんこさが
あってはならない。
ただ正《ただ》しいことに
従《したが》うだけです。」

柔軟《じゅうなん》な心《こころ》を持《も》とう

どんなときにも、正《ただ》しいことを行《おこな》える人《ひと》になりたいですね。何事《なにごと》にもとらわれない柔軟《じゅうなん》な心《こころ》を持《も》ちましょう。

子曰《しのたま》わく、
「君子《くんし》は貞《てい》にして
諒《りょう》ならず。」

子曰、君子貞而不諒。（衛霊公十五）

意味《いみ》

孔子《こうし》先生《せんせい》がおっしゃった。
「君子《くんし》は常《つね》に
正《ただ》しいことを行《おこな》うが、
ゆう通《ずう》のきかない人《ひと》ではない。」

人《ひと》の話《はなし》をよく聞《き》こう

正《ただ》しいことを行《おこな》うのは、とても大事《だいじ》なことですが、自分《じぶん》の考《かんが》えだけを押《お》しつけるのはよくありません。友《とも》だちの話《はなし》をしっかり聞《き》く心《こころ》のゆとりを持《も》ちましょう。

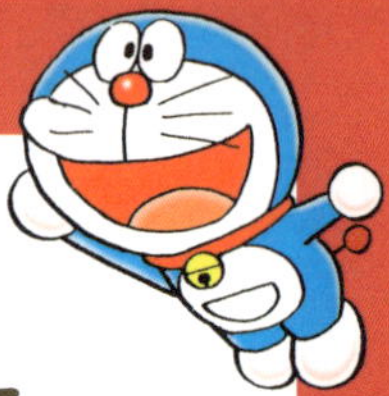

子《し》曰《のたま》わく、
「君《くん》子《し》は
周《しゅう》して比《ひ》せず。
小《しょう》人《じん》は
比《ひ》して周《しゅう》せず。」

子曰、君子周而不比。小人比而不周。（為政二）

意味《いみ》

孔子先生《こうしせんせい》がおっしゃった。
「君子《くんし》は誰《だれ》とでも
広《ひろ》く公平《こうへい》につき合《あ》い、
かたよったつき合《あ》い方《かた》は
しません。
小人《しょうじん》は一部《いちぶ》の仲間《なかま》とばかり
仲《なか》よくして、
多《おお》くの人《ひと》とつき合《あ》うことが
できません。」

友《とも》だちと公平《こうへい》につき合《あ》おう

自分《じぶん》の好《す》き嫌《きら》いや損得《そんとく》ではなく、誰《だれ》とでも仲《なか》よく、たくさんの友《とも》だちとつき合《あ》うようにしましょう。

子《し》曰《のたま》わく、
「君子《くんし》は
能《のう》無《な》きを病《うれ》う。
人《ひと》の己《おのれ》を
知《し》らざるを病《うれ》えず。」

子曰、君子病無能焉。不病人之不己知也。（衛霊公十五）

意味《いみ》

孔子先生《こうしせんせい》がおっしゃった。
「君子《くんし》は自分《じぶん》が未熟《みじゅく》で能力《のうりょく》が
低《ひく》いことを心配《しんぱい》するが、
人《ひと》が自分《じぶん》を
認《みと》めてくれないことなど、
まったく気《き》にしないものだ。」

自分《じぶん》をよく見《み》つめよう

自分《じぶん》のことを認《みと》めてほしい気持《きも》ちは、誰《だれ》でも持《も》っています。でも大事《だいじ》なことは、自分《じぶん》の足《た》りないところを自分《じぶん》がしっかりとわかっていることなのです。

子曰《しのたま》わく、「詩《し》に興《おこ》り、礼《れい》に立《た》ち、楽《がく》に成《な》る。」

子曰、興於詩、立於礼、成於楽。（泰伯八）

意味《いみ》

孔子先生《こうしせんせい》がおっしゃった。
「人《ひと》は、詩《し》によって
心《こころ》を奮《ふる》い立《た》たせ、
礼儀《れいぎ》を守《まも》った行《おこな》いをし、
よい音楽《おんがく》によって、
立派《りっぱ》な人物《じんぶつ》になれるのです。」

大切《たいせつ》な3つのこと

優《すぐ》れた言葉《ことば》を身《み》につける。うやまいの心《こころ》を忘《わす》れない。美《うつく》しい音楽《おんがく》に親《した》しむ。素敵《すてき》な人《ひと》になるために大切《たいせつ》なことです。

Column

目指《めざ》せ！君子《くんし》 1

キーワード
小人《しょうじん》
心《こころ》がせまい、未熟《みじゅく》な人《ひと》

キーワード
君子《くんし》
人柄《ひとがら》や行《おこな》いの立派《りっぱ》な人《ひと》

「君子《くんし》」「小人《しょうじん》」ってなに？

心《こころ》が広《ひろ》く、思《おも》いやりがあって、正《ただ》しい行《おこな》いができる立派《りっぱ》な人《ひと》。それが君子《くんし》です。反対《はんたい》に心《こころ》がせまく、未熟《みじゅく》な人《ひと》を小人《しょうじん》と呼《よ》びます。小人《しょうじん》は、君子《くんし》のように振《ふ》る舞《ま》うことができますが、失敗《しっぱい》したり、困《こま》ったことが起《お》こったとき、言《い》い訳《わけ》を言《い》ったり、逃《に》げ出《だ》したりして、解決《かいけつ》しようと努力《どりょく》をしません。君《くん》子《し》は、たとえ失敗《しっぱい》しても、それを認《みと》めて反省《はんせい》し、改《あらた》めることができる勇気《ゆうき》ある人《ひと》です。どんなときでも堂々《どうどう》としていて、自分《じぶん》だけでなく、友《とも》だちや、まわりの人《ひと》たちを大切《たいせつ》にできる人《ひと》、それが本当《ほんとう》の君子《くんし》です。仁《じん》の心《こころ》を持《も》ち、勇気《ゆうき》と知恵《ちえ》を備《そな》え、徳《とく》を行《おこな》える、立派《りっぱ》な人物《じんぶつ》こそが君子《くんし》といえるのです。

キーワード
仁《じん》
思《おも》いやり

キーワード
徳《とく》
人《ひと》としての正《ただ》しい行《おこな》い

Chapter

1

仁《じん》

思《おも》いやり

樊遅《はんち》 仁《じん》を問《と》う。
子曰《しのたま》わく、
「人《ひと》を愛《あい》す。」

樊遅問仁。子曰、愛人。（顔淵十二）

意味《いみ》

弟子《でし》の樊遅《はんち》が、

「仁《じん》とはどういうことですか」

と、孔子先生《こうしせんせい》に聞《き》きました。

すると先生《せんせい》はおっしゃいました。

「仁《じん》とは人《ひと》を愛《あい》することだ。」

仁《じん》を形《かたち》にしよう

優《やさ》しい気持《きも》ちや思《おも》いやりは、みんなが持《も》っています。行動《こうどう》して形《かたち》にしなかったらもったいないですね。人《ひと》を愛《あい》することも仁《じん》なのです。

子曰《しのたま》わく、
「人《ひと》にして
仁《じん》ならずんば、
礼《れい》を如何《いかん》せん。
人《ひと》にして
仁《じん》ならずんば、
楽《がく》を如何《いかん》せん。」

子曰、人而不仁、如礼何。人而不仁、如楽何。（八佾三）

意味《いみ》

孔子先生《こうしせんせい》がおっしゃった。
「人《ひと》でありながら、
もしも仁《じん》がないとしたら、
大事《だいじ》な礼《れい》や楽《がく》を
学《まな》んだところで、
なんの役《やく》に立《た》つというのか。
私《わたし》にはどうすることも
できない。」

心《こころ》がこもっていることが大切《たいせつ》

しっかりあいさつができること、人《ひと》をうやまうこと、美《うつく》しい音楽《おんがく》を楽《たの》しむこと。どれも大《たい》切《せつ》なことですね。でもそこに心《こころ》がこもっていることが、もっと大事《だいじ》なのです。

子曰《しのたま》わく、
「人《ひと》の過《あやま》ちは、
各々《おのおの》其《そ》の党《とう》に於《おい》てす。
過《あやま》ちを観《み》て斯《ここ》に仁《じん》を知《し》る。」

子曰、人之過也、各於其党。観過斯知仁矣。（里仁四）

意味《いみ》

孔子《こうし》先生《せんせい》がおっしゃった。
「人《ひと》の失敗《しっぱい》は、
一緒《いっしょ》にいる仲間《なかま》の中《なか》で
起《お》こるものです。
失敗《しっぱい》をよく見《み》てみると
その人《ひと》に仁《じん》が、
あるかないかがわかります。」

失敗《しっぱい》でその人《ひと》がわかる

たとえ失敗《しっぱい》しても、そこに仁《じん》があればいいのです。その人《ひと》の失敗《しっぱい》や間違《まちが》いをよく見《み》ると、人柄《ひとがら》がわかるものです。

子曰《しのたま》わく、
「人《ひと》にして信無《しんな》くんば、
其《そ》の可《か》なるを
知《し》らざるなり。
大車《だいしゃ》に輗無《げいな》く、
小車《しょうしゃ》に軏無《げつな》くんば、
其《そ》れ何《なに》を以《も》って
之《これ》を行《や》らんや。」

子曰、人而無信、不知其可也。
大車無輗、小車無軏、其何以行之哉。（為政二）

意味《いみ》

孔子先生《こうしせんせい》がおっしゃった。
「人《ひと》でありながら信《しん》を
身《み》につけていなければ、
どうすることもできない。
たとえば牛車《ぎっしゃ》に輗《げい》がなく、
馬車《ばしゃ》に軏《げつ》がなければ
車《くるま》は動《うご》かせない。
同《おな》じように、人《ひと》に信《しん》がないのは、
大事《だいじ》なものが欠《か》けている
ということです。」

信《しん》を身《み》につけよう

信《しん》とはうそを言《い》わないことです。輗《げい》も軏《げつ》も牛《うし》や馬《うま》がひく車《くるま》の重要《じゅうよう》な部品《ぶひん》です。同《おな》じように、信《しん》は人《ひと》にとって大事《だいじ》なものなのです。信《しん》じ合《あ》う気持《きも》ちが人《ひと》の心《こころ》と心《こころ》をつなぐのですね。

子貢《しこう》問《と》いて曰《い》わく、
「一言《いちごん》にして以《も》って終身之《しゅうしんこれ》を行《おこな》うべき者《もの》有《あ》りや。」
子曰《しのたま》わく、
「其《そ》れ恕《じょ》か。
己《おのれ》の欲《ほっ》せざる所《ところ》、
人《ひと》に施《ほどこ》すこと勿《なか》れ。」

子貢問曰、有一言而可以終身行之者乎。子曰、其恕乎。己所不欲、勿施於人。（衛霊公十五）

意味《いみ》

弟子《でし》の子貢《しこう》が先生《せんせい》にたずねた。
「一生大事《いっしょうだいじ》にする価値《かち》のある
ひと言《こと》を教《おし》えてください。」
孔子先生《こうしせんせい》がおっしゃった。
「それは恕《じょ》だね。
つまり自分《じぶん》が人《ひと》から
されたくないことは行《おこな》わない、
いやなことを、
人《ひと》に押《お》しつけたりしない
ということです。」

「恕《じょ》」の気持《きも》ちで接《せっ》しよう

恕《じょ》とは、人《ひと》の気持《きも》ちも自分《じぶん》の気持《きも》ちと同《おな》じように大事《だいじ》にすることです。深《ふか》い思《おも》いやりの心《こころ》です。友《とも》だちの気持《きも》ちを考《かんが》えたら、いやなことを押《お》しつけたりはできませんね。

本物《ほんもの》の君子《くんし》“孔子《こうし》”って どんな人《ひと》？

孔子《こうし》は、およそ2500年前《ねんまえ》に中国《ちゅうごく》の魯《ろ》という国《くに》に生《う》まれた思想家《しそうか》で学者《がくしゃ》、教育者《きょういくしゃ》です。苦労《くろう》して育《そだ》ち、50歳《さい》を過《す》ぎて出世《しゅっせ》しますが、ふ敗《はい》した国政《こくせい》の立《た》て直《なお》しに成功《せいこう》する寸前《すんぜん》で失《しっ》脚《きゃく》、その後《ご》は弟子《でし》とともに各地《かくち》をめぐります。しかし、仁《じん》のある理想《りそう》の国《くに》づくりを受《う》け入《い》れてくれる国《くに》は見《み》つからず、放《ほう》浪《ろう》の旅《たび》は14年《ねん》にもおよびました。そうした中《なか》でも志《こころざし》を持《も》ち続《つづ》け、君子《くんし》であろうとした孔子《こうし》が、自分《じぶん》に言《い》い聞《き》かせ、みずから君子《くんし》たろうとしたかのような言葉《ことば》があります。

「君子《くんし》は能無《のうな》きを病《うれ》う。人《ひと》の己《おのれ》を知《し》らざるを病《うれ》えず。」

君子《くんし》は自分《じぶん》が未熟《みじゅく》で能力《のうりょく》が低《ひく》いことを心配《しんぱい》するが、人《ひと》が自《じ》分《ぶん》を認《みと》めてくれないことなど、まったく気《き》にしないものだ。

晩年《ばんねん》の孔子《こうし》は、魯《ろ》に戻《もど》り、古典《こてん》の編纂《へんさん》や、弟子《でし》を育《そだ》てることに力《ちから》を注《そそ》ぎました。やがて、立派《りっぱ》に育《そだ》っていった弟子《でし》たちが、孔子《こうし》の生前《せいぜん》の言葉《ことば》を『論語《ろんご》』という書物《しょもつ》にまとめました。

Chapter

2

学《まな》び

学習《がくしゅう》

子《し》曰《のたま》わく、
「吾《われ》嘗《かつ》て
終日《しゅうじつ》食《く》らわず、
終夜《しゅうや》寝《い》ねず、
以《も》って思《おも》う。
益《えき》無《な》し。
学《まな》ぶに如《し》かざるなり。」

子曰、吾嘗終日不食、終夜不寝、以思。無益。不如学也。（衛霊公十五）

意味《いみ》

孔子先生《こうしせんせい》がおっしゃった。
「かつて私《わたし》は食《た》べることも
寝《ね》ることも忘《わす》れ、一日中《いちにちじゅう》
考《かんが》え続《つづ》けたことがありました。
しかし、それではだめだと
気《き》づきました。
やはりしっかりと学《まな》ぶことが
大事《だいじ》なのです。」

学《まな》ぶことから始《はじ》めよう

自分《じぶん》で考《かんが》えることはすばらしいことですが、学《まな》ぶことを忘《わす》れてはいけませんね。先生《せんせい》からも、友《とも》だちからも、本《ほん》からも、私《わたし》たちはいろいろなものから学《まな》べるのです。

子曰《しのたま》わく、
「古《いにしえ》の学《まな》ぶ者《もの》は
己《おのれ》の為《ため》にし、
今《いま》の学《まな》ぶ者《もの》は
人《ひと》の為《ため》にす。」

子曰、古之学者為己、今之学者為人。（憲問十四）

意味《いみ》

孔子先生《こうしせんせい》がおっしゃった。
「昔《むかし》の人《ひと》は
自分《じぶん》のために学《まな》んだが、
いまの人《ひと》はほめてもらったり、
自慢《じまん》するために、
学《まな》んでいるようだ。」

なんのために学《まな》ぶのかな？

ほめられたり、認《みと》めてもらえたらうれしいものですね。でもそのためだけに学《まな》んでいるのでしょうか。自分《じぶん》で決《き》めた目標《もくひょう》に向《む》かって努《ど》力《りょく》することのほうが大切《たいせつ》ですね。

子曰《しのたま》わく、
「憤《ふん》せずんば啓《けい》せず。
悱《ひ》せずんば発《はっ》せず。
一隅《いちぐう》を挙《あ》ぐるに、
三隅《さんぐう》を以《も》って
反《はん》せずんば、
則《すなわ》ち復《ふたたび》せざるなり。」

子曰、不憤不啓。不悱不発。挙一隅、不以三隅反、則不復也。（述而七）

意味《いみ》

孔子先生《こうしせんせい》がおっしゃった。
「知《し》りたい気持《きも》ちがあふれ出《で》そうに
ならないと、私《わたし》は教《おし》えない。
言《い》いたいことが満《み》ちているのに
言葉《ことば》が出《で》てこない。
そんなもどかしい状態《じょうたい》に
ならなければ私《わたし》は導《みちび》かない。
ひとつのことを教《おし》えたら、
あとの三《みっ》つのことは自分《じぶん》で
推測《すいそく》できるようでなければ、
二度《にど》と私《わたし》は教《おし》えない。」

学《まな》ぼうとする気持《きも》ちが大切《たいせつ》

どんなにすばらしい先生《せんせい》がそばにいても、よいお手本《てほん》があっても、学《まな》ぶ気持《きも》ちがなければ意味《いみ》がありません。やる気《き》がいちばん大事《だいじ》なのです。

冉求《ぜんきゅう》曰《い》わく、
「子《し》の道《みち》を説《よろこ》ばざるに非《あら》ず。力《ちから》足《た》らざればなり。」
子《し》曰《のたま》わく、
「力《ちから》足《た》らざる者《もの》は
中道《ちゅうどう》にして廃《はい》す。
今《いま》、女《なんじ》は画《かぎ》れり。」

冉求曰、非不説子之道。力不足也。子曰、力不足者中道而廢。今、女画。（雍也六）

意味《いみ》

弟子《でし》の冉求《ぜんきゅう》が言《い》った。
「先生《せんせい》の道《みち》を学《まな》べることは
うれしいのですが、
力不足《ちからぶそく》でもうついていけません。」
すると孔子先生《こうしせんせい》がおっしゃった。
「本当《ほんとう》に力不足《ちからぶそく》なら、
途中《とちゅう》で力尽《ちからつ》きてやめてしまうだろう。
でも君《きみ》はまだ力《ちから》を出《だ》し尽《つ》くして
いないではないか。
自分《じぶん》で限界《げんかい》を
決《き》めてしまってはだめだよ。」

あきらめない気持《きも》ちが大事《だいじ》

「もうできない」と思《おも》っても、もう少《すこ》しがんばってみましょう。あきらめてしまったら、それ以上《いじょう》の進歩《しんぽ》はありません。

子《し》曰《のたま》わく、
「之《これ》を愛《あい》しては、
能《よ》く労《ろう》すること
勿《なか》らんや。
焉《これ》に忠《ちゅう》にしては、
能《よ》く誨《おし》うること
勿《なか》らんや。」

子曰、愛之、能勿労乎。忠焉、能勿誨乎。（憲問十四）

意味《いみ》

孔子《こうし》先生《せんせい》がおっしゃった。
「本気《ほんき》で愛《あい》しているからこそ、
はげまさずにはいられない。
真心《まごころ》があるからこそ、
教《おし》え導《みちび》きたくなるのです。」

感謝《かんしゃ》の気持《きも》ちを忘《わす》れずに

あなたのまわりには、あなたを本気《ほんき》で愛《あい》してくれる人《ひと》が必《かなら》ずいます。真剣《しんけん》にはげまし応援《おうえん》してくれる人《ひと》がいることは、とても幸《しあわ》せなことなのです。

子曰《しのたま》わく、
「由《ゆう》、女《なんじ》に之《これ》を知《し》るを
誨《おし》えんか。
之《これ》を知《し》るを
之《これ》を知《し》ると為《な》し、
知《し》らざるを
知《し》らずと為《な》す。
是《こ》れ知《し》るなり。」

子曰、由、誨女知之乎。
知之為知之、不知為不知。是知也。（為政二）

意味《いみ》

孔子先生《こうしせんせい》が、
弟子《でし》の由《ゆう》（子路《しろ》）におっしゃった。
「由《ゆう》、君《きみ》に知《し》るとは
どういうことか教《おし》えよう。
知《し》っていることは知《し》っている、
知《し》らないことは知《し》らないと、
はっきり区別《くべつ》が
ついていることが、
知《し》るということなのだよ。」

知《し》らないことは恥《は》ずかしくなんかない

知《し》ったかぶりをしたら、学《まな》ぶ機会《きかい》を失《うしな》ってしまいますね。知《し》らないことを恥《は》ずかしがらずに、これから学《まな》んでいきましょう。

子路《しろ》
聞《き》くこと有《あ》りて、
未《いま》だ之《これ》を行《おこな》うこと
能《あた》わざれば、
唯《ただ》聞《き》く有《あ》らんこと
を恐《おそ》る。

子路　有聞、未之能行、唯恐有聞。（公冶長五）

意味《いみ》

弟子《でし》の子路《しろ》は、
先生《せんせい》からひとつのことを
教《おし》えてもらったら、
それを実行《じっこう》できないうちは、
先生《せんせい》からさらに新《あたら》しいことを
学《まな》ぶのをおそれました。

急《いそ》がずにひとつずつ進《すす》めよう

わからないことをそのままにしてはいけませんね。わかるまでじっくり教《おし》えてもらい、考《かんが》えてから、次《つぎ》の新《あたら》しいことを始《はじ》めましょう。

子夏《しか》曰《い》わく、

「日《ひ》に其《そ》の亡《な》き所《ところ》を知《し》り、

月《つき》に其《そ》の能《よ》くする所《ところ》を

忘《わす》るること無《な》きは、

学《がく》を好《この》むと

謂《い》うべきのみ。」

子夏曰、日知其所亡、月無忘其所能、可謂好学也已矣。（子張十九）

意味《いみ》

弟子《でし》の子夏《しか》が言《い》いました。
「毎日《まいにち》
知《し》らなかったことを知《し》り、
いつも学《まな》んだことを
忘《わす》れないようにする。
このような態度《たいど》で
学《まな》ぶことが、
本当《ほんとう》の学問好《がくもんず》きと
いえるのです。」

謙虚《けんきょ》に学《まな》ぼう

新《あたら》しく学《まな》んだことは、自分《じぶん》でよく復習《ふくしゅう》して、しっかり身《み》につけましょう。
学《まな》んだことを実行《じっこう》できるようになってはじめて、本当《ほんとう》に学《まな》んだといえるのです。

Column

目指《めざ》せ！ 君子《くんし》
3

君子《くんし》のガイドブックを学《まな》ぼう！

『論語《ろんご》』は、孔子《こうし》とその弟子《でし》とのやりとりを、のちに弟子《でし》たちがまとめた書物《しょもつ》です。『論語《ろんご》』には、君子《くんし》になるための心《こころ》がけ、正《ただ》しく生《い》きていくためのヒントがたくさん記《しる》されています。その数《かず》は約《やく》500。中《なか》でも、「君子《くんし》」に関《かん》する内容《ないよう》はとても多《おお》く、思《おも》いやりの心《こころ》「仁《じん》」を持《も》った立派《りっぱ》な人物《じんぶつ》「君子《くんし》」になりなさいと語《かた》りかけています。また弟子《でし》たちも、君子《くんし》になるための努力《どりょく》を続《つづ》け、孔子《こうし》が死《し》んだあとも、孔子《こうし》の言葉《ことば》や出来事《できごと》を『論語《ろんご》』に記《しる》すことで、その教《おし》えを守《まも》り、伝《つた》えてきました。つまり『論語《ろんご》』は君子《くんし》になるための生《い》き方《かた》、考《かんが》え方《かた》のヒントがたくさんつまったガイドブックといえるのです。

Chapter

3

生活《せいかつ》

友情《ゆうじょう》・親孝行《おやこうこう》

子曰《しのたま》わく、
「賢《けん》を見《み》ては
斉《ひと》しからん
ことを思《おも》い、
不賢《ふけん》を見《み》ては
内《うち》に自《みずか》ら省《かえり》みるなり。」

子曰、見賢思斉焉、見不賢而内自省也。（里仁四）

意味《いみ》

孔子先生《こうしせんせい》がおっしゃった。
「優《すぐ》れた人《ひと》に出会《であ》ったら、
自分《じぶん》もこのようになろうと思《おも》い、
よくない人物《じんぶつ》を見《み》たら、
自分《じぶん》も同《おな》じことを
していないかと反省《はんせい》しよう。」

まわりの人《ひと》をお手本《てほん》にしよう

よいお手本《てほん》は、すぐにまねをしたくなりますね。でも悪《わる》い例《れい》に出会《であ》ったときこそ、自分《じぶん》はどうだろうかと振《ふ》り返《かえ》ることも大切《たいせつ》なのです。

曽子《そうし》曰《い》わく、
「吾日《われひ》に吾《わ》が身《み》を三省《さんせい》す。
人《ひと》の為《ため》に謀《はか》りて
忠《ちゅう》ならざるか。
朋友《ほうゆう》と交《まじ》わりて
信《しん》ならざるか。
習《なら》わざるを伝《つた》えしか。」

曽子曰、吾日三省吾身。為人謀而不忠乎。与朋友交而不信乎。伝不習乎。（学而一）

意味《いみ》

弟子《でし》の曽子《そうし》が言《い》いました。
「真剣《しんけん》に人《ひと》の相談相手《そうだんあいて》に
なっただろうか。
友《とも》だちにうそを
つかなかっただろうか。
充分《じゅうぶん》に理解《りかい》していないことを
人《ひと》に伝《つた》えてはいないだろうか。
これらのことを、私《わたし》は日《ひ》に
何度《なんど》も反省《はんせい》しています。」

反省《はんせい》することが大事《だいじ》

ご両親《りょうしん》にわがままを言《い》ったり、友《とも》だちにうそをついたりしていませんか。自分《じぶん》を振《ふ》り返《かえ》り、誰《だれ》に対《たい》しても誠実《せいじつ》でありたいですね。

子《し》曰《のたま》わく、
「晏平仲《あんぺいちゅう》は
善《よ》く人《ひと》と交《まじ》わる。
久《ひさ》しくして之《これ》を敬《けい》す。」

子曰、晏平仲善与人交。久而敬之。（公冶長五）

意味《いみ》

孔子先生《こうしせんせい》がおっしゃった。
「斉《せい》の国《くに》の晏平仲《あんぺいちゅう》という人物《じんぶつ》は、
誰《だれ》とでもよくつき合《あ》った。
そして、長《なが》くつき合《あ》えば
つき合《あ》うほど、
人々《ひとびと》から尊敬《そんけい》されるような
人《ひと》だった。」

尊敬《そんけい》し合《あ》える友《とも》だち

ただ仲《なか》がいいだけではなく、お互《たが》いを認《みと》め合《あ》い、深く尊敬《そんけい》し合《あ》える、長《なが》くつき合《あ》える友《とも》だちを持《も》ちたいですね。

子曰《しのたま》わく、
「質《しつ》、文《ぶん》に勝《か》てば
則《すなわ》ち野《や》なり。
文《ぶん》、質《しつ》に勝《か》てば
則《すなわ》ち史《し》なり。
文質彬彬《ぶんしつひんぴん》として、
然《しか》る後《のち》に君子《くんし》なり。」

子曰、質、勝文則野。文、勝質則史。文質彬彬、然後君子。（雍也六）

意味《いみ》

孔子先生《こうしせんせい》がおっしゃった。
「生《う》まれつき持《も》っているよい資質《ししつ》が、
外見《がいけん》よりも勝《まさ》っていると、
粗野《そや》な感《かん》じに見《み》える。
反対《はんたい》に、外見《がいけん》が立派《りっぱ》で
内面《ないめん》よりも勝《まさ》っていると、
記録係《きろくがかり》の役人《やくにん》のように、
表面《ひょうめん》ばかりを飾《かざ》る人《ひと》になってしまう。
外見《がいけん》と内面《ないめん》がみごとにそろってこそ
君子《くんし》になれるのです。」

内面《ないめん》と外見《がいけん》はどちらも大切《たいせつ》

内面《ないめん》のすばらしさが、外見《がいけん》にもにじみ出《で》てくるような人《ひと》になりたいですね。バランスのとれた人《ひと》になることが大事《だいじ》なのです。

子《し》曰《のたま》わく、
「其《そ》の以《な》す所《ところ》を視《み》、
其《そ》の由《よ》る所《ところ》を観《み》、
其《そ》の安《やす》んずる所《ところ》を
察《さっ》すれば、
人《ひと》焉《いずく》んぞ廋《かく》さんや、
人《ひと》焉《いずく》んぞ廋《かく》さんや。」

子曰、視其所以、観其所由、察其所安、人焉廋哉、人焉廋哉。（為政二）

意味《いみ》

孔子《こうし》先生《せんせい》がおっしゃった。
「その人《ひと》の行動《こうどう》や、
その行動《こうどう》の理由《りゆう》をよく見《み》て、
さらにその人《ひと》が
自分《じぶん》の行動《こうどう》に満足《まんぞく》しているか
どうかを観察《かんさつ》してみると、
その人《ひと》の本質《ほんしつ》がわかるものです。
かくすことはできないのです。」

行動《こうどう》で内面《ないめん》がわかる

日常《にちじょう》の行《おこな》いの中《なか》に、あなたらしさが表《あらわ》れているのです。自分《じぶん》では気《き》づいていなくても、人《ひと》にはあなたの本当《ほんとう》の姿《すがた》が見《み》えています。

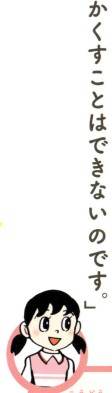

子曰《しのたま》わく、

「約《やく》を以《も》って之《これ》を失《うしな》う者《もの》は鮮《すくな》し。」

子曰、以約失之者鮮矣。（里仁四）

意味《いみ》

孔子先生《こうしせんせい》がおっしゃった。
「ひかえめにしていて、
失敗《しっぱい》する人《ひと》は少《すく》ないものだ。」

一歩下《いっぽさ》がってみることも大切《たいせつ》

じっくり考《かんが》えて行動《こうどう》すれば、大《おお》きな失敗《しっぱい》はきっとしないでしょう。

Column

目指《めざ》せ！君子《くんし》

4

君子《くんし》のための「3つの教《おし》え」

『論語《ろんご》』には3という数字《すうじ》がよく登場《とうじょう》します。君子《くんし》についても「3つの教《おし》え」があります。そのときどきにけっして忘《わす》れてはいけないことを説《と》いています。

「君子《くんし》に三畏《さんい》有《あ》り」 大切《たいせつ》にすべき3つのこと

「君子《くんし》は自分《じぶん》の運命《うんめい》、目上《めうえ》の人《ひと》を常《つね》に気《き》にかけ行動《こうどう》しなければならない。そして立派《りっぱ》な人《ひと》の言葉《ことば》にはいつも素直《すなお》に耳《みみ》をかたむけなければならない。」

「君子《くんし》に三戒《さんかい》有《あ》り」 気《き》をつけたい3つの教訓《きょうくん》

「君子《くんし》は若《わか》いときの恋愛《れんあい》、大人《おとな》の争《あらそ》いごと、お年寄《としよ》りになってからの物欲《ぶつよく》や所有欲《しょゆうよく》に、気《き》をつけ、自制《じせい》し、ひかえないといけない。」

「益者三友《えきしゃさんゆう》」 友《とも》だちにしたい3つのタイプ

「厳《きび》しいことでも正直《しょうじき》に言《い》ってくれる人《ひと》、誠実《せいじつ》で嘘《うそ》を言《い》わない人《ひと》、知識《ちしき》の豊《ゆた》かな人《ひと》。これらのよい友人《ゆうじん》を持《も》つことが大切《たいせつ》だ。」

Chapter 4

志《こころざし》

目標《もくひょう》

子曰《しのたま》わく、
「三軍《さんぐん》も帥《すい》を
奪《うば》うべきなり。
匹夫《ひっぷ》も志《こころざし》を
奪《うば》うべからざるなり。」

子曰、三軍可奪帥也。匹夫不可奪志也。（子罕九）

意味《いみ》

孔子《こうし》先生《せんせい》がおっしゃった。
「大軍《たいぐん》の総大将《そうだいしょう》であっても、
奪《うば》おうと思《おも》えば奪《うば》えるものです。
それがどんなに多《おお》くの軍勢《ぐんぜい》に
守《まも》られていようとも。
しかし、たったひとりの男《おとこ》が
持《も》つ志《こころざし》は、
誰《だれ》にも奪《うば》うことはできません。
それは心《こころ》の中《なか》に
あるものだからです。」

志《こころざし》を持《も》とう

志《こころざし》とは、自分《じぶん》の心《こころ》で強《つよ》く思《おも》い、目指《めざ》すもののことです。皆《みな》さんも志《こころざし》を持《も》ってください。そうすれば、きっと困難《こんなん》なことも乗《の》り越《こ》えられるでしょう。

子曰《しのたま》わく、
「譬《たと》えば山《やま》を為《つく》るが如《ごと》し。
未《いま》だ成《な》らざること
一簣《いっき》なるも、
止《や》むは吾《わ》が止《や》むなり。
譬《たと》えば地《ち》を平《たい》らかに
するが如《ごと》し。
一簣《いっき》を覆《くつがえ》すと雖《いえど》も
進《すす》むは吾《わ》が往《ゆ》くなり。」

子曰、譬如為山。未成一簣、止吾止也。
譬如平地。雖覆一簣、進吾往也。（子罕九）

意味《いみ》

孔子先生《こうしせんせい》がおっしゃった。
「志《こころざし》を持《も》って学問《がくもん》をするということは、
たとえば山《やま》をつくるようなものです。
あと一杯《いっぱい》の土《つち》をあけたら
完成《かんせい》するのにやめてしまう。
それは自分《じぶん》の責任《せきにん》です。
たとえば地面《じめん》を平《たい》らにする
作業《さぎょう》のようなものでもあります。
わずか一杯《いっぱい》の土《つち》をあけただけだと
しても、作業《さぎょう》を進《すす》めたのは
あなた自身《じしん》なのです。」

始《はじ》めるのもやめるのも自分次第《じぶんしだい》

最初《さいしょ》の一歩《いっぽ》を踏《ふ》み出《だ》すのも、最後《さいご》までやり抜《ぬ》くことも、どちらもあなた次第《しだい》なのです。責任《せきにん》は全部自分《ぜんぶじぶん》にあるのです。

曽子《そうし》曰《い》わく、
「士《し》は以《も》って
弘毅《こうき》ならざるべからず。
任重《にんおも》くして道遠《みちとお》し。
仁《じん》以《も》って己《おのれ》が任《にん》と為《な》す。
亦重《またおも》からずや。
死《し》して後已《のちや》む。
亦遠《またとお》からずや。」

曽子曰、士不可以不弘毅。任重而道遠。
仁以為己任。不亦重乎。死而後已。不亦遠乎。（泰伯八）

意味《いみ》

弟子《でし》の曽子《そうし》が言《い》いました。
「高《たか》い理想《りそう》を持つ者《もの》は、
広《ひろ》い心《こころ》を持《も》ち、
意志《いし》が強《つよ》くなければならない。
任務《にんむ》は重要《じゅうよう》で、
進《すす》む道《みち》は長《なが》く遠《とお》いからだ。
また仁《じん》も
実《じっ》せんしなければならないので、
とても責任《せきにん》の重《おも》いことです。
これらは生《い》きている限《かぎ》り
続《つづ》けなければならない。
なんと遠《とお》い道《みち》のりだろうか。」

志《こころざし》を持《も》ってやり抜《ぬ》こう

志《こころざし》を持《も》って、自分《じぶん》の決《き》めた道《みち》を進《すす》むことは、すばらしいことです。

たとえゴールは遠《とお》くても、あきらめることなく、思《おも》いやりの気持《きも》ちも忘《わす》れずに、最後《さいご》までやりとげる人《ひと》になりたいですね。

子《し》曰《のたま》わく、
「政《まつりごと》を為《な》すに
徳《とく》を以《も》ってすれば、
譬《たと》えば北辰《ほくしん》
其《そ》の所《ところ》に居《い》て、
衆星《しゅうせい》之《これ》に
共《むか》うが如《ごと》し。」

子曰、為政以徳、譬如北辰居其所、而衆星共之。（為政二）

意味《いみ》

孔子先生《こうしせんせい》がおっしゃった。
「徳《とく》を身《み》につけた人物《じんぶつ》が
政治《せいじ》を行《おこな》えば、
たとえば北《きた》の空《そら》にかがやく
北極星《ほっきょくせい》のまわりに
多《おお》くの星《ほし》が集《あつ》まるように、
その人《ひと》のまわりに
よき人物《じんぶつ》が集《あつ》まり、
理想《りそう》の政治《せいじ》が
実現《じつげん》するだろう。」

人《ひと》をひきつける力《ちから》

志《こころざし》を持《も》った立派《りっぱ》な人物《じんぶつ》は、物《もの》や権力《けんりょく》で人《ひと》を集《あつ》めたりはしません。その人《ひと》の持《も》っている優《やさ》しさや誠実《せいじつ》さ、正《ただ》しい行《おこな》いに、人《ひと》はひかれるのです。

子《し》曰《のたま》わく、
「道《みち》同《おな》じからざれば、
相《あい》為《ため》に謀《はか》らず。」

子曰、道不同、不相為謀。（衛霊公十五）

意味《いみ》

孔子先生《こうしせんせい》がおっしゃった。
「志《こころざし》が同《おな》じではない者《もの》とは、
相談《そうだん》して一緒《いっしょ》に
行動《こうどう》しようとしても
うまくいかないものだ。」

よい仲間《なかま》を持《も》とう

志《こころざし》を持《も》ち、ともに成長《せいちょう》できるような仲間《なかま》と一緒《いっしょ》にがんばりたいですね。心通《こころつう》じる、よい仲間《なかま》がいたら心強《こころづよ》いですね。

子夏曰《しかい》わく、
「百工《ひゃっこう》は
肆《みせ》に居《い》て以《も》って
其《そ》の事《こと》を成《な》す。
君子《くんし》は
学《まな》びて以《も》って
其《そ》の道《みち》を致《いた》す。」

子夏曰、百工居肆以成其事。君子学以致其道。（子張十九）

意味《いみ》

弟子《でし》の子夏《しか》が言《い》いました。
「職人《しょくにん》は、道具《どうぐ》がそろっている
仕事場《しごとば》で作業《さぎょう》をし、
仕事《しごと》を完成《かんせい》させます。
君子《くんし》は学問《がくもん》をすることで、
人《ひと》としての道《みち》を完成《かんせい》させます。」

真剣《しんけん》に学《まな》ぼう

学《まな》ぶことは、ただ知識《ちしき》をたくさん身《み》につけることではありません。先人《せんじん》たちの考《かんが》え方《かた》や生《い》き方《かた》にも触《ふ》れてみましょう。すべてが私《わたし》たちをみがいてくれる大事《だいじ》な道具《どうぐ》といえるのです。

Column

目指《めざ》せ！君子《くんし》

5

君子《くんし》のための「9つの心《こころ》がけ」

孔子《こうし》は君子《くんし》として心《こころ》がけるべき9つのことがあると言《い》っています。できることからひとつひとつ実せんしたいですね。

その1　見《み》るときには、くもりのない目《め》ではっきりと
その2　聞《き》くときには、細《こま》かく的確《てきかく》さをもって
その3　顔《かお》つきは常《つね》に穏《おだ》やかに
その4　態度《たいど》はうやうやしく
その5　言葉《ことば》には誠実《せいじつ》であるよう
その6　仕事《しごと》をするときには相手《あいて》をうやまい慎重《しんちょう》に
その7　不確《ふたし》かでわからないときには遠りょせず問《と》う
その8　怒《いか》りが爆発《ばくはつ》しそうなときには、あとの事態《じたい》を考《かんが》える
その9　利得《りとく》を前《まえ》にしたら、それが心《こころ》ある正《ただ》しいものかどうかを考《かんが》える

Chapter

5

言葉《ことば》

言葉《ことば》と行《おこな》い

子《し》曰《のたま》わく、
「与《とも》に言《い》うべくして
之《これ》と言《い》わざれば、
人《ひと》を失《うしな》う。
与《とも》に言《い》うべからずして
之《これ》と言《い》えば、
言《げん》を失《うしな》う。
知《ち》者《しゃ》は人《ひと》を失《うしな》わず、
亦《また》言《げん》を失《うしな》わず。」

子曰、可与言、而不与之言、失人。
不可与言、而与之言、失言。
知者不失人。亦不失言。（衛霊公十五）

意味《いみ》

孔子先生《こうしせんせい》がおっしゃった。
「語《かた》り合《あ》う価値《かち》のある人《ひと》に
声《こえ》をかけなければ、
友《とも》だちになる大切《たいせつ》な機会《きかい》を
失《うしな》うことになる。
語《かた》り合《あ》う価値《かち》のない人《ひと》と
話《はな》すと失言《しつげん》するおそれがある。
知者《ちしゃ》は人《ひと》も言葉《ことば》も
失《うしな》わない。」

出会《であ》いを大事《だいじ》にしよう

話《はなし》をしたい、友《とも》だちになりたいと思《おも》う人《ひと》に出《で》会《あ》ったら、声《こえ》をかけてみましょう。ためらったり、あきらめたりして、なにもしなかったらもったいないですね。後悔《こうかい》しないためにも、出会《であ》いを大事《だいじ》にしましょう。

子《し》曰《のたま》わく、
「徳《とく》有《あ》る者《もの》は
必《かなら》ず言《げん》有《あ》り。
言《げん》有《あ》る者《もの》は
必《かなら》ずしも徳《とく》有《あ》らず。
仁者《じんしゃ》は必《かなら》ず勇《ゆう》有《あ》り。
勇者《ゆうしゃ》は必《かなら》ずしも仁《じん》有《あ》らず。」

子曰、有徳者必有言。有言者不必有徳。仁者必有勇。勇者不必有仁。（憲問十四）

意味《いみ》

孔子先生《こうしせんせい》がおっしゃった。
「徳《とく》のある立派《りっぱ》な人物《じんぶつ》は、
よい言葉《ことば》を言《い》う。
しかし、よい言葉《ことば》を
言《い》うからといって、
その人《ひと》に徳《とく》があるとはかぎらない。
仁者《じんしゃ》は正《ただ》しいことができる勇気《ゆうき》を
持《も》っているが、勇者《ゆうしゃ》に必《かなら》ずしも
仁《じん》があるとはかぎらない。」

よい人物《じんぶつ》を見《み》きわめよう

よいことを言《い》っても、立派《りっぱ》な行《おこな》いができても、その人《ひと》を信《しん》じられるかどうかは、その人《ひと》に本当《ほんとう》の優《やさ》しさや誠実《せいじつ》さがあるかどうかによりますね。しっかり友《とも》だちを選《えら》びましょう。

子曰《しのたま》わく、
「古《いにしえ》の者《もの》の言《ことば》に
之《これ》出《い》ださざるは、
躬《み》の逮《およ》ばざるを
恥《は》ずればなり。」

子曰、古者言之不出、恥躬之不逮也。（里仁四）

意味《いみ》

孔子先生《こうしせんせい》がおっしゃった。

「昔《むかし》の人《ひと》が軽々《かるがる》しく言葉《ことば》に出《だ》して言《い》わなかったのは、本当《ほんとう》に実行《じっこう》できるかどうか自信《じしん》がないことを、言葉《ことば》にすることは恥《は》ずかしいと思《おも》ったからなのだ。」

実行《じっこう》できないことは言《い》わない

自分《じぶん》の言葉《ことば》に自信《じしん》と責任《せきにん》を持《も》ちたいですね。できないことを平気《へいき》で言《い》ったりしていませんか。それは恥《は》ずかしいことなのです。

子曰《しのたま》わく、

「其《そ》の言《げん》を之作《これは》じざれば、

則《すなわ》ち之《これ》を

為《な》すや難《かた》し。」

子曰、其言之不作、則為之也難。（憲問十四）

意味《いみ》

孔子先生《こうしせんせい》がおっしゃった。
「できもしないことを言《い》って、
恥《は》ずかしいとも
思《おも》わない人《ひと》は、
はじめから実行《じっこう》することは
難《むずか》しいだろう。」

言葉《ことば》と行《おこな》いが合《あ》わなければ恥《は》ずかしい

自分《じぶん》にできるかどうか、よく考《かんが》えてから言葉《ことば》にしていますか。自分《じぶん》の言《い》ったことは実行《じっこう》しようと努力《どりょく》していますか。言葉《ことば》と行《おこな》いは、あなた自身《じしん》を表《あらわ》しています。

子夏《しか》曰《い》わく
「小人《しょうじん》の過《あやま》ちや、
必《かなら》ず文《かざ》る。」

子夏曰、小人之過也必文。（子張十九）

意味《いみ》

弟子《でし》の子夏《しか》が言《い》いました。
「小人《しょうじん》は失敗《しっぱい》すると、
必《かなら》ず言《い》い訳《わけ》をするものだ。」

言《い》い訳《わけ》しないのがかっこいい

失敗《しっぱい》や間違《まちが》いをしない人《ひと》はいません。失敗《しっぱい》したあとにどうするかが大事《だいじ》なのです。言《い》い訳《わけ》したり、人《ひと》のせいにしてはいけないですね。素直《すなお》な気持《きも》ちでやり直《なお》せたらいいですね。

あとがき（この本《ほん》を読《よ》んでくださった皆《みな》さんに）

本書《ほんしょ》を手《て》に取《と》り、読《よ》んでくださって、ありがとうございました。印《いん》象《しょう》に残《のこ》った言葉《ことば》はありましたか？　もう覚《おぼ》えてしまった言葉《ことば》もあるかもしれませんね。発売中《はつばいちゅう》の『ドラえもん　はじめての論語《ろんご》』に続《つづ》いて、本書《ほんしょ》では新《あら》たに「君子《くんし》」を章《しょう》に加《くわ》えて、四十《よんじゅう》の言葉《ことば》をご紹介《しょうかい》しました。『論語《ろんご》』の言葉《ことば》は、皆《みな》さんの毎日《まいにち》の出来事《できごと》や、自分《じぶん》の気持《きも》ちに重《かさ》ねることができます。さびしいときも、困難《こんなん》にぶつかったときも、あるいは大《おお》きな感動《かんどう》で胸《むね》がいっぱいになったときも、きっといつも皆《みな》さんに寄《よ》りそい、はげましてくれるでしょう。

さて『論語《ろんご》』の中《なか》には、学《まな》ぶことについて多《おお》くの言葉《ことば》が出《で》てきます。学《まな》び方《かた》にはふたつあると思《おも》います。ひとつは、自分《じぶん》が知《し》りたい、深《ふか》めたいと思《おも》うことを、ひとりでひたすらに求《もと》める学《まな》び方《かた》。もうひとつは、仲間《なかま》と一緒《いっしょ》に学《まな》ぶということです。みんなで学《まな》ぶときにはお友《とも》だちを待《ま》ってあげたり、待《ま》ってもらったり。教《おし》えたり教《おし》えられたり。自分《じぶん》の思《おも》うようにいかないこともあります。ゆずったり、待《ま》ったりすることがわずらわしく感《かん》じることもあるかもしれません。でも孔子《こうし》は仲間《なかま》と一緒《いっしょ》に学《まな》ぶときこそ、みんなの仁《じん》が育《そだ》つと言《い》いました。

優《やさ》しさや誠実《せいじつ》さは目《め》には見《み》えませんが人《ひと》にとって大事《だいじ》なものです。その大事《だいじ》なものを育《はぐく》んでくれるもののひとつが、よき言葉《ことば》です。よき言葉《ことば》との出会《であ》いは人生《じんせい》を豊《ゆた》かにしてくれます。私《わたし》たちの先輩《せんぱい》は、多《おお》くの言葉《ことば》や人《ひと》と出会《であ》い、いい影響《えいきょう》をたくさん受《う》けていたのでしょう。私《わたし》たちも見習《みなら》いたいですね。『論語《ろんご》』はよき言葉《ことば》の宝庫《ほうこ》です。何度《なんど》でもくり返《かえ》し読《よ》んでみてください。

安岡定子《やすおかさだこ》

章句《しょうく》索引《さくいん》

Chapter 君子 理想の人物

子曰わく、「君子は義に喩り、小人は利に喩る。」…18
子曰わく、「衆之を悪むも必ず察し、衆之を好むも必ず察す。」…20
子曰わく、「君子は言を以って人を挙げず、人を以って言を廃せず。」…22
子、四を絶つ。意毋く、必毋く、固毋く、我毋し。…24
子曰わく、「君子は矜にして争わず。群して党せず。」…26
子曰わく、「君子の天下に於けるや、適も無く、莫も無し。義と之与に比う。」…28
子曰わく、「君子は貞にして諒ならず。」…30
子曰わく、「君子は周して比せず。小人は比して周せず。」…32
子曰わく、「君子は能無きを病う。人の己を知らざるを病えず。」…34
子曰わく、「詩に興り、礼に立ち、楽に成る。」…36

Chapter 1 仁 思いやり

樊遅 仁を問う。子曰わく、「人を愛す。」…40
子曰わく、「人にして仁ならずんば、礼を如何せん。人にして仁ならずんば、楽を如何せん。」…42
子曰わく、「人の過ちは、各々其の党に於てす。過ちを観て斯に仁を知る。」…44
子曰わく、「人にして信無くんば、其の可なるを知らざるなり。
大車に輗無く、小車に軏無くんば、其れ何を以って之を行らんや。」…46
子貢問いて曰わく、「一言にして以って終身之を行うべき者有りや。」
子曰わく、「其れ恕か。己の欲せざる所、人に施すこと勿れ。」…48

Chapter 2 学び 学習

子曰わく、「吾嘗て終日食わず、終夜寝ねず、以って思う。益無し。学ぶに如かざるなり。」…52
子曰わく、「古の学ぶ者は己の為にし、今の学ぶ者は人の為にす。」…54
子曰わく、「憤せずんば啓せず。悱せずんば発せず。一隅を挙ぐるに、三隅を以って反せずんば、則ち復せざるなり。」…56
冉求曰わく、「子の道を説ばざるに非ず。力足らざればなり。」
子曰わく、「力足らざる者は中道にして廃す。今、女は画れり。」…58
子曰わく、「之を愛しては、能く労すること勿らんや。焉に忠にしては、能く誨うること勿らんや。」…60
子曰わく、「由、女に之を知るを誨えんか。之を知るを之を知ると為し、知らざるを知らずと為す。是れ知るなり。」…62
子路 聞くこと有りて、未だ之を行うこと能わざれば、唯聞く有らんことを恐る。…64
子夏曰わく、「日に其の亡き所を知り、月に其の能くする所を忘るること無きは、学を好むと謂うべきのみ。」…66

Chapter 3

生活

友情・親孝行

子曰わく、「賢を見ては斉しからんことを思い、不賢を見ては内に自ら省みるなり。」…70
曾子曰わく、「吾日に吾が身を三省す。人の為に謀りて忠ならざるか。朋友と交わりて信ならざるか。習わざるを伝えしか。」…72
子曰わく、「晏平仲は善く人と交わる。久しくして之を敬す。」…74
子曰わく、「質、文に勝てば則ち野なり。文、質に勝てば則ち史なり。文質彬彬として、然る後に君子なり。」…76
子曰わく、「其の以す所を視、其の由る所を観、其の安んずる所を察すれば、人焉んぞ廋さんや、人焉んぞ廋さんや。」…78
子曰わく、「約を以って之を失う者は鮮し。」…80

Chapter 4

志

目標

子曰わく、「三軍も帥を奪うべきなり。匹夫も志を奪うべからざるなり。」…84
子曰わく、「譬えば山を為るが如し。未だ成らざること一簣なるも、止むは吾が止むなり。譬えば地を平かにするが如し。一簣を覆すと雖も進むは吾往くなり。」…86
曾子曰わく、「士は以って弘毅ならざるべからず。任重くして道遠し。仁以って己が任と為す。亦重からずや。死して後已む。亦遠からずや。」…88
子曰わく、「政を為すに徳を以ってすれば、譬えば北辰其の所に居て、衆星之に共うが如し。」…90
子曰わく、「道同じからざれば、相為に謀らず。」…92
子夏曰わく、「百工は肆に居て以って其の事を成す。君子は学びて以って其の道を致す。」…94

Chapter 5

言葉

言葉と行い

子曰わく、「与に言うべくして之と言わざれば、人を失う。与に言うべからずして之と言えば、言を失う。知者は人を失わず、亦言を失わず。」…98
子曰わく、「徳有る者は必ず言有り。言有る者は必ずしも徳有らず。仁者は必ず勇有り。勇者は必ずしも仁有らず。」…100
子曰わく、「古の者の言に之出ださざるは、躬の逮ばざるを恥ずればなり。」…102
子曰わく、「其の言を之怍じざれば、則ち之を為すや難し。」…104
子夏曰わく、「小人の過ちや、必ず文る。」…106

〔著者〕安岡《やすおか》定《さだ》子《こ》

1960年東京都生まれ。 二松学舎大学文学部中国文学科卒業。漢学者・安岡正篤氏の孫。「こども論語塾」の講師として、全国各地での定例講座を開催。『こども論語塾』シリーズ（明治書院）はベストセラーになり、論語ブームの火付け役といわれる。現在は大人向け講座や企業向けのセミナー、講演など幅広く活動。『絵でみる論語』（日本能率協会マネジメントセンター）、『新版 素顔の安岡正篤』（PHP研究所）、『15歳の寺子屋 みんなの論語塾』（講談社）、『子や孫に読み聞かせたい論語』（幻冬舎）、『心を育てるこども論語塾』『えんぴつで論語』『実践・論語塾』（ポプラ社）など著書多数。http://www.sadakorongo.com/

ドラえもん　はじめての論語　君子編

2017年10月30日　初版第1刷発行
2021年12月26日　第3刷発行

まんが原作　藤子・F・不二雄
著　者　安岡定子

発行人　飯田昌宏
発行所　株式会社 小学館
〒101-8001　東京都千代田区一ツ橋2-3-1
電　話　編集03-3230-5170　販売03-5281-3555
印刷所　大日本印刷株式会社
製本所　株式会社 若林製本工場

まんが　くりはらみさき
ドラえもんイラスト　むぎわらしんたろう
協力　藤子プロ
堤謙一（ドリームプラネット）
AD　細山田光宣（細山田デザイン事務所）
装幀・デザイン　堤三四郎（細山田デザイン事務所）
編集協力　野原薫（カルゴ）
編集　福本康隆（小学館）

ISBN978-4-09- 501827-0